DES

FONCTIONNAIRES

POLITIQUES

PAR

LE Cte HALLEZ-CLAPARÈDE

PARIS

LIBRAIRIE DE CHARLES DOUNIOL, ÉDITEUR

29, RUE DE TOURNON, 29

1869

DES

FONCTIONNAIRES POLITIQUES

Les nouveaux alignements, dans leurs coupures destructives, effacent chaque jour l'ancien Paris. Çà et là, on compte les rares édifices qui s'élèvent encore au-dessus du niveau, et nous voyons disparaître jusqu'à la colline où fut blessée Jeanne d'Arc. Si l'on veut, l'histoire à la main, rechercher la scène et le cadre des grands événements du passé, la Ligue, la Fronde, les journées de la Révolution, on s'égare, on se perd dans la nouvelle ville comme dans un livre dont on aurait démarqué les pages.

Cependant il survit du Paris des deux derniers siècles un endroit charmant dont le Louvre fait l'horizon, qui commence à la coupole de Mazarin et qui finit à la maison où mourut Voltaire. — Là abondent les vieux livres et les vieux tableaux, les numismates intarissables et des libraires très-lettrés. Parmi ces éditeurs érudits, il en est un que je ne nommerai pas, mais qui sera facilement deviné par ceux qu'attirent la séduction de son esprit et l'imprévu de ses paradoxes. — Dans sa galerie, où l'encyclopédie universelle verse ses tributs, les mêmes habitués viennent depuis longtemps discourir et deviser.

Les causeries purement littéraires s'y transformèrent, ces derniers temps, en discussions politiques. Un de nous en fit la remarque. « Nous sommes, dit-il, un bien petit morceau du miroir où se reflète la France entière; il faut que l'image soit bien visible pour qu'elle nous attire et nous émeuve, nous qui vivons loin des luttes des partis, ne partageant ni les rancunes qui les forment ni les ardeurs qui les excitent. — Nous obéissons à ce mouvement régulier qui, chaque quinze ans, nous secoue et nous met en marche.

« Les gouvernants sont-ils moins appliqués? Les gouvernés sont-ils plus exigeants? Ou ne s'en faut-il prendre qu'à la mobilité du génie de notre pays, qui ne se fixe que pour un temps?

« En vain l'orgueil des triomphes militaires, ou les bienfaits d'une paix féconde, ou même les saines agitations de la liberté lui versent l'ivresse ou le repos; quand le jour marqué est venu, la France se lève et détruit ce qui devait être l'objet de son culte éternel.» — L'éditeur l'interrompit. « Vous croyez, lui dit-il, à la mobilité politique de notre pays. Erreur étrange! Oui, il y a quatre-vingts ans, après de nombreux griefs lentement amassés, la France s'est transformée. Elle avait subi patiemment le long et triste règne de Louis XV; elle avait, pendant quatorze ans encore, sous son infortuné successeur, espéré un dénoûment pacifique, aidant Turgot dans ses sages réformes et même Necker dans ses illusions. Les remontrances de ses parlements, les cahiers de ses états attestent à la fois son bon sens et sa modération.

« Mais les liens que le passé avait si rigoureusement resserrés ne se pouvaient plus dénouer, il fallait les rompre par un effort souverain : la Révolution se fit. Ce fut l'œuvre, pour ainsi dire, de la nation tout entière, unie dans le même esprit, emportée par le même élan, œuvre rapide autant que féconde, car en deux ans, de 1789 à 1791, tout ce qu'il y a de bienfaisant et d'immortel fut accompli : l'unité nationale, l'égalité devant la loi, la liberté de conscience, l'émancipation de tous. Dès 1792, ce n'est plus la France qui apparaît sur la scène que le sang va rougir, ce sont les partis. Ils se disputent et s'arrachent tour à tour le pouvoir; et, s'imitant dans l'hypocrisie, ils cherchent à légaliser la violence et chacun d'eux pense à perpétuer son triomphe par une constitution. Cette action passagère des minorités, vous ne pouvez l'appeler révolution; quand elle vient de la rue, c'est l'émeute qui peut improviser des barricades contre la force, mais qui est impuissante à construire des barrières contre l'abus; quand elle émane du pouvoir central, ainsi qu'il est arrivé si souvent depuis le 18 fructidor, son nom, c'est : un coup d'État.

« Ces bouleversements, dont vous rappeliez tout à l'heure la périodicité, Paris les a renfermés dans son mur d'octroi, et la masse du pays y est restée étrangère; et quand parfois elle est intervenue, ce n'a été que d'un pas tardif et pour consacrer le fait accompli.

« Oui, cette France si impétueuse sur les champs de bataille, si hardie dans ses inventions, si vive dans ses satires, loin de faire obstacle aux pouvoirs les plus contraires entre eux, les a docilement supportés, alors même qu'ils altéraient les institutions qui lui étaient le plus chères. Comment expliquer cette soumission? Je comprends encore l'indifférence pour les théories constitutionnelles telles que le partage et la responsabilité des pouvoirs; mais quand il s'agit de l'action incessante de l'État sur la personne et la propriété, quand, par ses mille agents, il vous surveille et vous contrôle, vous demandant compte de tous vos actes et pénétrant jusqu'au foyer de la famille, où trouver une justification à cette obéissance? » — Et tout à coup, semblant abandonner son sujet : « Tenez, dit-il en étendant la main sur un in-quarto, voici un livre récemment publié sur la Chine, pays dont on se moque volontiers, malgré son âge vénérable qui en fait le doyen des peuples contemporains, oubliant qu'on lui doit l'invention de la poudre, le système décimal, peut-être l'imprimerie, mais à coup sûr les universités et la hiérarchie administrative. — Ce pays qui, selon les légendes bouddhistes, compte trente-six siècles de durée, peut tout au moins faire remonter son organisation à Confucius, contemporain d'Hérodote, c'est-à-dire au sixième siècle avant notre ère. Cette organisation est restée immuable jusqu'à nous. Vainement les révolutions et les envahissements ont bouleversé le pays tout entier. Vainement il a été conquis au treizième siècle par les Mongols, au dix-septième par les Mantchoux ; il a absorbé ses conquérants, et, aujourd'hui encore l'Empire du milieu, tout rongé qu'il soit par l'insurrection des Taïpings et l'opium de l'Angleterre, est le plus peuplé et le plus fertile des États.

« De cette vitalité l'auteur donne deux raisons : la première, c'est que, bien que le pouvoir soit toujours absolu et souvent arbitraire, il laisse en grande partie libre la vie privée. Le Chinois n'a pas à subir le recrutement, l'inscription maritime, les perquisitions des agents du fisc; il est maître sous son toit et ne craint pas même d'être recherché s'il fait l'usure, s'il répudie sa femme ou dispose de ses enfants. — La seconde raison, c'est l'accès aux fonctions publiques ouvert à tous par le concours et la hiérarchie qui en règle les degrés. Il y a dix rangs de mandarins dont les neuf premiers sont divisés en deux classes. Les plus élevés sont les vice-rois et les gouverneurs ; puis viennent les trésoriers ; après eux les préfets et sous-préfets. Ces derniers fonctionnaires ont des traitements analogues aux nôtres, variant de trente à dix mille francs, et ils jouissent de l'insigne honneur de porter sur leur bonnet le bouton bleu ou de cristal, et sur la poitrine le pectoral qui représente des figures d'oiseaux.

« Que ces bacheliers plus ou moins lettrés se transforment tout à coup en juges austères ou en intendants éclairés ; qu'ils ne se livrent jamais à des exactions ; qu'ils ne se vengent pas par des sévérités souvent cruelles des humiliations que leur imposent ceux qui les dominent, on ne saurait l'affirmer. Mais ce réseau de mandarins, malgré les éléments impurs qui le forment, suffit à relier ce pays de plaines vaseuses, à maintenir un peuple mou comme le sol sur lequel il vit.

« Le fonctionnaire est, dans une certaine mesure, l'image politique d'un pays, et l'on peut mesurer par la nature et l'étendue de ses pouvoirs, par le mode de sa nomination, par les conditions de sa responsabilité, le plus ou moins de garanties que le pouvoir donne au citoyen.

« La monographie des fonctionnaires serait donc un sujet digne d'étude; et quand, chaque année, des concours sont ouverts sur tant de questions purement spéculatives à la portée de quelques savants, pourquoi ne provoquerait-on pas un concours général sur une étude qui intéresse tout le monde? En dehors des penseurs et des légistes, il se trouverait d'honnêtes gens éclairés sur ce qui se passe dans leur horizon restreint, instruits de ce qui les touche, et qui pourraient proposer d'utiles améliorations. Sans recourir aux secousses et aux agitations politiques, on arriverait à des réformes pacifiques, profitables à tous, au gouvernement qui restreindrait sa responsabilité, au citoyen qui étendrait son émancipation. »

Les paroles de mon ami ne me laissèrent pas indifférent. Rentré chez moi, je les donnai pour thèse à ma pensée, et j'écrivis ces quelques lignes.

Pour toute société régulière, c'est une nécessité de déléguer ses pouvoirs. Elle marche entourée du prêtre qui guide et qui bénit les âmes, du soldat défenseur de son indépendance, du juge protecteur du droit; puis viennent l'agent fiscal, chargé de récolter suivant les fortunes la part proportionnelle dans l'assurance mutuelle, et l'agent administratif, à la fois délégué du pouvoir exécutif et tuteur des minorités.

S'il fallait examiner les conditions, même générales, dans lesquelles ces différents organes vivent par eux-mêmes et par les rapports qu'ils ont entre eux, la tâche serait infinie.

Le Concordat, après soixante-huit ans d'épreuve, n'appelle-t-il aucune réforme, et convient-il à la dignité de l'Église que ses ministres soient confondus avec les autres fonctionnaires ?

L'armée, dans son mode de recrutement, est-elle vraiment l'armée d'un pays démocratique? Ne pourrait-on ajouter aux conditions d'indépendance de la magistrature, soit par des désignations de candidats faites par les corps judiciaires, ainsi que cela se pratique en Belgique, soit en renonçant à la loi sur la limite d'âge dont un premier président, M. Sigaudy, signalait courageusement l'abus en parlant des *compétitions haletantes* qu'elle fait naître.

Que de questions immenses dans leur étude et graves dans leur solution !

Quant à présent, je veux me borner à la monographie des agents de l'administration, parce qu'ils sont les plus nombreux, parce que leur pouvoir est le plus varié, le plus étendu, le moins défini, et qu'il prête par conséquent le plus à l'arbitraire.

Il est de droit et de justice que le délégué se renferme dans le mandat qu'on lui confie, qu'il n'agisse que pour la défense des intérêts remis entre ses mains, n'imposant pas sa volonté personnelle et ne transformant jamais la tutelle en domination. Et cependant, l'exercice d'un pouvoir personnel étendu, sans contrôle, entraîne trop souvent à l'abus; et sous l'ancienne monarchie; à côté des intendants qui dans quelques provinces ont laissé des noms populaires, tels que les Croissy, les La Grange, combien de plaintes et de reproches se sont élevés ?

Dans un curieux mémoire adressé au roi en 1778, Necker parlait ainsi des intendants : « A peine peut-on donner le nom d'administration à cette volonté arbitraire d'un *seul homme* qui, tantôt présent, tantôt absent, tantôt instruit, tantôt incapable, doit régir les parties les plus importantes de l'ordre public après ne s'être occupé toute sa vie que des requêtes au conseil, qui souvent ne considère sa place que comme un lieu de passage, un échelon pour son ambition; présumant toujours, et peut-être avec raison, qu'on avance encore plus par l'effet de l'intrigue que par le travail et l'étude, ces commissaires sont impatients de venir à Paris et laissent à leurs subdélégués le soin de les remplacer dans leurs devoirs publics. »

Ce que disait Necker des agents administratifs les plus élevés pouvait sans doute s'appliquer aussi à ceux qui n'avaient pas comme eux l'expérience et la tradition de la chambre des requêtes.

Les réformes ne tardèrent pas. Dans la province du Berry dès 1778, en Guyenne en 1787, furent organisées, *pour mettre un obstacle perpétuel aux abus de pouvoir*, des assemblées composées de quarante-huit membres, dont vingt-quatre appartenaient au tiers état, à qui furent conférés le droit d'intervenir dans la levée et la répartition des impôts, le soin de créer et d'entretenir les routes et le droit de représentation au roi sur toutes matières. On étendit leurs attributions jusqu'à leur accorder l'élection des procureurs syndics chargés d'assurer l'exécution de leurs délibérations.

Le bienfait de ces assemblées de notables librement élus, exerçant ainsi un droit de surveillance et de contrôle sur tous les intendants, allait se répandre sur toute la France, lorsque la Révolution éclata. Elle renversa les assemblées provinciales et les intendants, les magistratures indépendantes et les juridictions arbitraires; les vengeances qui sortaient du passé ne lui permettaient pas de distinguer dans la destruction. Même dans les jours de sagesse, la République, alors qu'elle décrétait l'unité de la loi, l'unité de l'armée, l'unité du trésor, brisait les provinces par crainte du fédéralisme, et ces glorieux apanages que la vieille France avait patiemment réunis autour d'elle par des guerres heureuses ou des traités habiles, étaient transformés en départements sans nom et sans histoire.

La Convention fit plus encore : elle détruisit la commune, cet antique asile des premières familles et des premières tribus ; elle mit hors la loi jusqu'au clocher à l'ombre duquel tant de générations s'étaient succédé, qui dans leur humble existence n'avaient pas connu d'autre horizon. Par son ordre, le géomètre Thouret découpa le sol en 6,400 cantons de 4 lieues carrées. Sur ce sol ravagé, quand tout avait disparu, jusqu'aux franchises municipales, la despotique assemblée, du haut de ses échafauds, pouvait s'écrier à meilleur droit que Louis XIV : L'État, c'est moi !

C'est de ces décrets, c'est de ces doctrines, qu'est sortie une centralisation excessive, absorbante, saisie avidement par tous les gouvernements absolus qui la confondirent à tort avec l'unité politique. Non ! cette soumission aveugle au pouvoir central, qui détruit la liberté du citoyen ; cette défiance, qui maintient toujours à l'état de minorité les forces vives du pays, n'est pas nécessaire à sa grandeur et à son unité. Notre unité, elle a pour origine notre histoire et notre moule géographique. Elle a pour garantie notre homogénéité. Elle a pour sauvegarde l'amour que la France inspire à tous ses enfants. — Elle ne doit pas reposer sur la crainte. « Otez-moi, dit Montaigne, la force et la violence, il n'est rien à mon avis qui abâtardisse et étourdisse si fort une nature bien née. » Tandis que tant de pays différents, l'Angleterre, l'Amérique, la Suisse, la Belgique, les uns puissants, les autres faibles, ceux-ci monarchiques, ceux-là républicains, s'administrent librement et pratiquent avec tant de succès le *self government*, serions-nous condamnés, nous qui les avons précédés dans la vie et le progrès, à une éternelle incapacité ? N'aurions-nous pas d'autres destinées que de passer toujours courbés des mains des délégués des districts, agents de délation, poursuivant sous l'œil du Comité de salut public le crime nouveau du modérantisme, aux mains des préfets, qui depuis la constitution de l'an VIII exercent un pouvoir proconsulaire et qui, suivant le mot d'ordre qu'ils reçoivent, et toujours avec le même zèle, se transforment en agents de recrutement ou en agents d'élections.

Mais, répond-on, ces agents ne sont pas isolés ; ils sont assistés par des pouvoirs collectifs qui représentent les différentes divisions du sol : le département, depuis 1791 ; le canton et la commune, rétablis depuis 1795 ; l'arrondissement, qui ne fut créé que cinq ans plus tard par la loi du 28 pluviôse.

Ces pouvoirs placés avec symétrie, les conseils municipaux vis-à-vis des maires, les conseils d'arrondissement vis-à-vis des sous-préfets, les conseils généraux en présence des préfets, sont, il faut le dire, bien plus l'apparence d'un contre-poids qu'une garantie. Ils n'ont pas par eux-mêmes une force suffisante. Durant plus de trente ans, d'ailleurs, depuis le Consulat jusqu'après 1830, ils furent nommés par le pouvoir exécutif, qui s'était d'abord astreint à choisir les membres de ses conseils sur des listes d'éligibles, et qui s'affranchit bientôt de cette entrave. Dans ces temps agités par la terreur ou par la guerre, quand on n'entendait pas même les gémissements des mères à qui on arrachait des enfants de dix-sept ans,

Bellaque matribus
Detestata...

comment aurait-on écouté les plaintes des conseils, si même ils avaient eu le courage de signaler les abus commis par les agents administratifs. Cependant ces abus existaient. Le chef de l'empire les dénonçait lui-même à son ministre de l'intérieur. « Le préfet du Doubs, écrivait Napoléon à M. de Champagny le 26 avril 1806, ne s'est pas comporté avec un esprit de conciliation... La subordination civile n'est point aveugle et absolue... Je n'exige d'obéissance aveugle que dans le militaire. Les préfets ne sont que trop enclins à un gouvernement tranchant, contraire à mes principes et à l'esprit d'organisation administrative. — L'autorité des préfets est trop considérable : il y a à en craindre l'abus plus que le relâchement, et à cette occasion vous ferez une circulaire aux préfets[1], » etc., etc...

Les hommes éminents de la Restauration, MM. Royer-Collard, de Serre, de Martignac, signalèrent à leur tour les dangers d'une autorité excessive. « La société, disait M. Royer-Collard, est devenue la propriété du gouvernement qui a détruit l'énergie commune. Nous ne sommes plus qu'un peuple d'administrés sous la main de fonctionnaires irresponsables, centralisés eux-mêmes dans le pouvoir dont ils sont les ministres. »

Ces plaintes ne furent pas toujours stériles. On s'efforça de réparer en partie les maux dont les communes avaient souffert sous le gouvernement précédent.

C'est ainsi que la loi du 28 avril 1816, malgré les charges qui pesaient sur la France, rendit aux communes les biens dont elles avaient été dépouillées par le décret du 20 mars 1813, et qui n'avaient pas encore été vendus. Dans la discussion de cette loi, on entendit M. de Villèle prononcer ces paroles remarquables :

[1] *Correspondance*, t. XII, p. 379.

« En rompant les liens qui nous unissent à notre commune, à notre ville, à nos administrations secondaires, on ébranle notre amour de la patrie, on détruit l'esprit public, on isole les Français les uns des autres, on prépare l'anarchie si le gouvernement est faible, le despotisme s'il devient fort. »

En 1828, M. de Martignac entreprit courageusement la réforme de notre organisation administrative. Il voulut fortifier les communes et les cantons et les agréger plus intimement les uns aux autres. En même temps, il proposait la suppression de l'arrondissement, et voici les arguments principaux qu'il invoquait :

L'arrondissement, qui n'est né qu'en l'an VIII, est une réunion toute artificielle, ici de quatre cantons, là de huit. Il n'a ni budget ni propriétés. Où trouver des routes, des écoles, des hospices d'arrondissement? Il ne peut pas s'imposer. C'est une découpure arbitraire, imaginée par Sieyès, qui a servi parfois de circonscription électorale, et qui à ce titre même n'est plus respectée aujourd'hui. Son conseil est sans autorité et presque sans attributions ; les sous-préfets, en vue desquels les arrondissements semblent avoir été créés, ne sont que des agents de transmission, qui homologuent et légalisent certains actes sans importance, mais ne peuvent prendre aucune décision. Les projets du sage M. de Martignac furent emportés par la réaction qui, en le renversant, ne tarda pas à renverser la royauté. Cependant, après 1830, ils furent recueillis en partie par M. Vivien, M. Réal, par le gouvernement lui-même. Les lois de 1831, 1833, 1837, replacèrent les conseils sur la base de l'élection, et elles étendirent leurs attributions. Elles imposèrent l'obligation de choisir les maires parmi les conseillers municipaux, et donnèrent aux conseils généraux, entre autres droits, celui d'élire leur président et leur secrétaire. Aujourd'hui, hélas ! nous sommes loin de ce régime qui, quoique imparfait, avait rendu aux départements l'intérêt et le mouvement de la vie publique, mouvement bienfaisant à qui nous avons dû peut-être notre salut dans la surprise de Février et lors de la terrible émeute de juin 1848.

Les événements qui se sont succédé nous ont fait une situation singulière. Depuis vingt ans nous sommes en possession du suffrage universel, c'est-à-dire de la souveraineté. Cette souveraineté, nous l'avons exercée trois fois dans ses plus larges attributs : nous avons nommé le président de la république, nous avons élu un président dictateur; enfin nous avons créé un empereur et une dynastie, et cependant nous ne pouvons nommer le maire de notre commune. Nous n'intervenons plus, comme autrefois, dans le choix des juges de paix et des instituteurs. Il nous est même interdit d'inscrire un candidat sur la liste des gardes champêtres.

Souverains comme membres de la nation, nous sommes, comme membres de la commune et du canton, plus resserrés dans les liens de la minorité qu'à l'époque où les droits politiques n'étaient exercés que par un petit nombre de privilégiés. Que l'on compare, ainsi que l'a fait avec tant de sagacité et d'érudition M. Batbie, notre état politique dans les limites du département avec les droits de cité, de bourgeoisie, de districts, de comtés, de cercles de province de tous les pays du monde, et on acquerra la preuve qu'il n'y a pas un seul État vis-à-vis duquel nous ne soyons dans une triste et regrettable infériorité.

De même que « le despotisme corrompt un pays jusqu'à s'en faire aimer, » il est des natures molles et incertaines qui se reposent volontiers dans la tutelle chargée de suppléer à leur volonté et qui vont au-devant de l'abdication.

Dans une raillerie charmante, M. About les fait ainsi parler : « Allez-vous exiger que nous restions nos maîtres? Ne prêterons-nous serment à personne? Et les plaisirs de l'obéissance, et les mérites de la fidélité, et la noblesse du renoncement ! Faudra-t-il que nous conservions sous un gouvernement régulier tous les droits de l'homme sauvage ! Hélas! nous avons pris la douce habitude de regarder le gouvernement comme une providence visible à qui l'individu sacrifie toutes ses libertés naturelles, dans l'espoir qu'on daignera lui en restituer quelque chose [1] ! »

Mais il est des caractères plus fiers, qui, en acceptant les obligations que tout bon citoyen contracte envers l'État, supportent impatiemment que ses agents, en dehors des grands services publics, exercent une surveillance de haute administration.

Au nom de quel intérêt et par quelle nécessité les préfets et leurs représentants interviennent-ils chaque jour pour l'inauguration d'un chemin ou d'un édifice? Pourquoi sont-ils les présidents officiels d'un syndicat, d'un concours, d'un comice agricole, pénétrant jusque dans la salle d'un banquet afin d'en régler les toasts? Pourquoi recommandent-ils l'abonnement à tel journal, et prescrivent-ils l'emploi de tel engrais? Pourquoi les présidents des secours mutuels doivent-ils être désignés par eux? Pourquoi, en toute occasion, faire apparaître autour d'eux cette phalange d'uniformes verts, portant militairement l'épée, car l'épée est devenue l'attribut du pacifique cadastre, des contributions directes et indirectes, de l'enregistrement, de tout ce qui se rattache à la bureaucratie française? Ces braves gens s'avancent dans l'ordre prescrit par le décret du 24 messidor an XII, et justifient par leur allure et par leur nombre cette désignation : l'armée des fonctionnaires.

[1] *Le Progrès*, p. 224.

N'est-ce pas un peu l'image des mandarins d'Asie? Ah! sans doute un abîme moral les sépare, et l'intégrité des uns est aussi grande que la corruption des autres, mais ils se rapprochent par le culte du cérémonial, l'ardeur pour l'avancement, le goût des discours et l'amour des décorations.

Un publiciste, qui a eu la loyauté d'imprimer sur le trône ce qu'il avait médité dans la prison, a dit ceci : « Il faut éviter cette tendance funeste qui entraîne l'État à exécuter lui-même ce que les particuliers pourraient faire aussi bien et mieux que lui. »

Fidèle à cette pensée, il a voulu dégager l'action du gouvernement des intérêts secondaires. Il a voulu simplifier et abréger l'instruction administrative, réduire *à moins de onze autorités différentes* celles qui réglaient jusqu'ici les affaires des communes et des départements.

Assurément ses intentions sont louables ; mais ni les décrets de 1852 et 1861, ni la lettre du 14 juin 1863, ni même les lois récentes du 18 juillet 1866 et du 24 juillet 1867 sur les conseils généraux et les conseils municipaux, n'ont donné les résultats qu'on était en droit d'espérer. Il nous sera malheureusement facile de démontrer que les premiers décrets ont démesurément accru les pouvoirs des préfets qui, dès 1806, paraissaient excessifs au souverain lui-même, et que si les dernières lois ont donné aux conseils généraux et municipaux une plus grande latitude dans la gestion de leur fortune et une liberté plus grande pour emprunter et s'imposer extraordinairement, elles les ont laissés, en ce qui touche leur organisation, dans une dépendance aussi étroite.

Le décret du 25 mars 1852, en donnant aux préfets le droit de décider par eux-mêmes un grand nombre d'affaires qui étaient jusque-là de la compétence des ministres ou du conseil d'État, leur a conféré le privilége de pourvoir à vingt-cinq sortes d'emplois, tels que les directions des maisons d'arrêt, les administrations de bienfaisance, etc.; aux termes du décret du 13 avril 1861, ils peuvent disposer de quinze autres fonctions publiques : de sorte qu'on a mis dans leurs mains le sort de cinq à six mille employés.

A cette direction d'un personnel aussi étendu s'ajoute l'obligation de prendre chaque année, en moyenne, trente mille décisions administratives ou contentieuses.

Le préfet est en outre le représentant de tous les ministres; ce n'est pas seulement avec son chef naturel, le ministre de l'intérieur, qu'il correspond ; il est en relations incessantes avec le ministre des travaux publics pour les routes de toute nature, avec le ministre de l'instruction publique pour toutes les questions qui touchent à l'enseignement à ses différents degrés ; avec le ministre des finances pour ce qui concerne spécialement les emprunts, les tarifs et les octrois.

Il est de même dans une certaine mesure le représentant du ministre de la justice, puisqu'il intervient en fait dans les nominations et les révocations des juges de paix : ce qui, on peut le dire, altère le principe si nécessaire de la séparation des pouvoirs administratifs et judiciaires, et peut affaiblir dans la conscience des justiciables la foi qu'ils avaient dans cette magistrature des juges de paix, autrefois si débonnaire et si paternelle.

Dans cette tâche immense les préfets n'ont d'autres auxiliaires que les employés de leurs bureaux, employés qui sont représentés, dans le rapport joint au décret du 13 avril 1861, comme *capables, laborieux, devant redoubler de soin dans l'examen et la célérité des affaires*, mais envers qui l'on serait bien ingrat s'ils avaient toutes les qualités qu'on leur prête. On laisse en effet ces honnêtes fonctionnaires dans une situation qui n'est pas tolérable. Ils sont sans garanties dans leur carrière et dans leur avenir, payés discrétionnairement par le préfet sur les quatre cinquièmes des fonds d'abonnement ; ils peuvent être réduits ou supprimés suivant sa volonté, et dépendent de son seul caprice. Il est surprenant qu'il se trouve encore tant d'hommes de mérite qui acceptent ou conservent un emploi qui ne donne ni bien-être ni dignité.

Au-dessus des bureaux est organisé, pour l'examen et la solution des questions contentieuses, le conseil de préfecture dont une loi récente a modifié l'organisation. Cette loi, satisfaisante à certains titres, a deux torts à notre avis. Le premier, c'est de maintenir aux préfets la présidence du conseil. Il est très-délicat de discuter l'influence morale qu'un préfet peut exercer sur les conseillers de préfecture qui sont amovibles et dont la destinée est en quelque sorte entre ses mains.

Mais ce que l'on peut mesurer, c'est l'action arithmétique que la voix prépondérante du préfet peut exercer. En effet la situation est différente, suivant que le préfet usera ou n'usera pas de cette présidence irrégulière et intermittente. Si le préfet n'exerce pas cette présidence, le justiciable se trouve en présence de trois conseillers de préfecture, il suffit qu'il ait la majorité dans le conseil pour qu'il obtienne gain de cause ; si au contraire le préfet exerce la présidence et qu'il ne partage pas l'opinion des conseillers, il faut que le justiciable obtienne l'unanimité du conseil, car si une seule voix se détache et vient s'attacher à la voix prépondérante du préfet, au lieu de gagner son procès, il le perd. D'ailleurs on ne peut échapper à ce dilemme : ou la décision prise par le préfet et qui peut être déférée au conseil de préfecture est confirmée par lui, le préfet étant absent, et alors on peut craindre quelque complaisance, quelque docilité de la part des conseillers de préfecture ; ou la décision est infirmée malgré le préfet, malgré sa résistance, malgré sa contradiction, et alors il sera placé dans une situation d'infériorité morale vis-à-vis des conseils de préfecture.

Enfin, entre les nombreuses attributions d'un conseil de préfecture il y en a une véritablement importante, c'est le jugement des pourvois formés en matières d'élections pour le conseil général ou le conseil d'arrondissement. Est-ce qu'il n'est pas exorbitant que ce soit le préfet en conseil de préfecture qui discute et qui vérifie les actes du préfet qui a eu un rôle actif et personnel dans les élections, et qu'on sépare et confonde à la fois le préfet magistrat et le préfet militant ? Cela ne me semble bon ni pour le préfet, ni pour le conseil de préfecture, ni pour le réclamant.

Le second tort de la loi, c'est de n'avoir pas, à défaut de l'inamovibilité, donné plus de sécurité dans leur carrière aux membres de ces conseils, qui sont après tout des magistrats administratifs.

Beaucoup de bons esprits ont pensé qu'il conviendrait de les choisir sur une liste présentée par le conseil général et de ne permettre leur révocation qu'avec le concours des volontés qui auraient participé à leur nomination[1].

Quoi qu'il en soit, ainsi entouré et consulté, le préfet agit, il décide, il prononce. Or, la statistique du conseil d'État va nous montrer que, quels que soient son zèle et son mérite, il tombe dans des erreurs dont l'accroissement se mesure par l'accroissement même de ses attributions.

Pendant les cinq années qui ont précédé le décret de 1852, il y a eu 117 pourvois formés contre les arrêtés des préfets. Ces arrêtés ont été déférés au conseil d'État pour excès de pouvoir ou pour incompétence. Sur ce nombre de 117, 40, c'est-à-dire le tiers seulement, ont été admis, 77 ont été rejetés.

Depuis 1852 jusqu'en 1860, sur 140 arrêtés attaqués dans les cas les plus graves, tels que l'excès de pouvoir ou l'ignorance de la loi, 80 ont été annulés, dont 75 en totalité et 5 en partie, c'est-à-dire plus de moitié.

De 1861 à 1865, à peu près la même proportion : sur 295 arrêtés préfectoraux attaqués, 145 ont été infirmés.

Cela montre combien les préfets sont faillibles, et prouve qu'en étendant leur puissance on n'a pas étendu leurs lumières.

Avant ces décrets regrettables on trouvait dans les directions des ministères des hommes de mérite versés dans la jurisprudence admi-

[1] Batbie, *Droit administratif*, t. IV, p. 455.

nistrative, vivant dans l'éloignement et l'ignorance des passions locales, et qui donnaient à la fois plus de gages de savoir et d'impartialité. On pouvait les comparer à une sorte de magistrature assise, plus calme, plus maîtresse d'elle-même, tandis que l'administration militante des préfets et des sous-préfets participe de l'activité inquiète, et parfois trop zélée, des magistrats du parquet.

Mais ce n'est pas seulement les actes personnels des préfets qu'il est bon de signaler : il faut aussi se rendre compte des décisions qu'ils ont prises en conseil de préfecture où leur influence est si considérable.

Dans une période de huit années, de 1852 à 1860, sur 7,228 pourvois formés contre les arrêtés des préfets rendus en conseil de préfecture, 3,781 ont été admis : plus de moitié.

Ainsi, dans la moitié des cas les préfets se sont trompés, les conseils de préfecture se sont trompés.

Cela est d'autant plus remarquable, que si l'on compare la juridiction contentieuse administrative avec la juridiction ordinaire, en prenant une année au hasard dans cette période, l'année 1859 par exemple, on voit que sur 5,588 jugements de première instance portés en appel, il y en a eu 3,781 confirmés et 1,597 infirmés; par conséquent il y a eu dans la juridiction ordinaire une jurisprudence plus uniforme, plus constante; on juge mieux que devant la justice contentieuse administrative. C'est là un fait grave; cela explique l'appréhension avec laquelle les justiciables abordent le premier degré de la juridiction administrative; cela montre aussi que les préfets se sont trompés dans la moitié des cas.

N'est-il pas à craindre que dans leurs attributions politiques et électorales, qui prêtent bien plus à l'entraînement, ils ne se soient trompés aussi. Et cependant la statistique officielle du conseil d'État constate leur infaillibilité : jamais une autorisation de poursuite n'a été accordée contre eux.

De 1861 à 1865 il y a eu plus de 100,000 élections, savoir : 38,000 pour le renouvellement du Corps législatif, le même nombre pour les conseils municipaux en 1864. Enfin dans cette période le tiers des conseils généraux et le tiers des conseils d'arrondissements ont été soumis à la réélection. Toutes les communes de France ont été agitées à plusieurs reprises par des luttes politiques qui, suivant la loi de l'humanité, devaient mettre aux prises toutes les passions. Le zèle des préfets et de leurs agents a pu se traduire par des actes qui ne se conciliaient pas toujours avec la liberté électorale, et cependant, durant ces cinq années, tandis que les fonctionnaires publics étaient l'objet de 304 demandes de poursuites criminelles ou civiles, en matière ordinaire, sur lesquelles 75 ont été accordées, le conseil d'État n'a autorisé que 7 poursuites en matière électorale, contre des agents inférieurs, parmi lesquels se trouvent 4 maires ou adjoints du département de la Corse. Ainsi, dans toute la France, au milieu des rivalités ardentes qui ont donné lieu à tant de protestations, sept fonctionnaires seulement ont paru mériter des reproches. En dehors de cette exception, pas un seul article du décret du 2 février 1852 qui sauvegarde la liberté des élections, n'a reçu la moindre atteinte.

Si l'on remonte à 1852, on voit que pendant une période de 18 ans, aucun des membres des parquets de nos 28 cours impériales, de nos 370 tribunaux de première instance, n'a dressé une seule demande de poursuites contre des fonctionnaires, en matière électorale.

Ainsi l'article 75 de la constitution de l'an VIII a été pour ces fonctionnaires une cuirasse qui les a faits invulnérables, et pendant un si long espace de temps le ministère public, toujours si vigilant, n'a pu, malgré ses recherches, relever le moindre tort administratif. Cela est-il vraisemblable? En dehors des récriminations des candidats vaincus, il y a des preuves, il y a des témoignages qui contredisent cette perfection, incompatible d'ailleurs avec la situation exorbitante faite au préfet, surtout en matière d'élections. On ne saurait nier que la première qualité d'un préfet aux yeux du gouvernement, c'est d'être un bon agent électoral. Est-il heureux, son avenir est assuré. Mais s'il échoue ou même s'il hésite, le mérite administratif dont il aura pu faire preuve ne le sauvera pas, et il devra subir la disgrâce qui vient d'atteindre le préfet du Jura et celui de Seine-et-Oise.

Pénétrés de cette vérité, les préfets rivalisent d'ardeur pour se rendre le scrutin propice; ils transforment leur administration en couveuse électorale. La tournée de révision est le temps le plus favorable à l'incubation. Rien n'est négligé, même l'avenir, et des instituteurs prévoyants préparent de petits électeurs avant la mue. C'est la période douce et maternelle, mais qui laisse apparaître encore les dangers de la centralisation : car les promesses et les libéralités qui peuvent ébranler les consciences dérivent toutes des dotations des services publics.

Voyez passer, dans cette pompe qui éblouit toujours les populations rurales, le cortége d'un conseil de révision. Au milieu des émotions des pères de famille, qui croient que telle influence suffit à libérer leur enfant, apparaît, entre le préfet et le général, le candidat officiel parcourant ses cantons électoraux. Il est la source de toutes les faveurs, le dispensateur de tous les bienfaits. Le préfet le dit, le conseiller de préfecture le répète après lui : il peut tout. C'est par lui que l'église obtiendra son tableau, et la construction communale, sa subvention. Et ce personnage si puissant est en même temps si débonnaire, qu'il condescend à échanger tout son crédit contre une voix.

A quelques jours de là, et par les mêmes chemins, le candidat qui, loin d'être soutenu par l'administration, rencontre devant lui tous les obstacles dont elle dispose, s'en vient dans les mêmes communes. Il est seul ou accompagné de quelques amis, qui sont ses garants et ses apôtres. Il faut qu'il fasse sa propre propagande, et qu'en exposant ses opinions et ses principes il se crée des adhérents. Pour réussir dans cette tâche, difficile surtout s'il débute dans la vie politique, il n'a pour instrument que la prédication. Je sais que deux sortes de reproches lui sont parfois adressés, c'est de se laisser entraîner à des promesses mensongères, et de mêler à sa parole des séductions vénales. Mais dans une période de dix-huit ans, ces accusations sont restées presque toujours sans preuves, et le fait de corruption, après trois vérifications de pouvoirs, n'a entraîné que l'annulation d'une seule élection. Dans la plupart des luttes, il faut le reconnaître, les moyens dont use le candidat indépendant, ou opposant, comme on voudra l'appeler, sont aussi réguliers qu'ils sont bornés.

On le sait sans influence, et malgré leur brutale indiscrétion, les pères ne peuvent lui demander de placer leur fils, et, une fois placé, de lui faire obtenir de l'avancement. Il ne promet pas davantage la suppression d'impôts nécessaires. Il dit simplement : Je voterai suivant ma conscience, et sans doute d'accord avec vous ; j'affirmerai que le Mexique a été une faute, la conduite vis-à-vis de la Prusse, une faiblesse, et que la transformation de Paris a été une prodigalité dans le fond, une illégalité dans la forme; il ajoute qu'un contrôle sérieux est nécessaire pour empêcher le retour des abus du pouvoir, et que ce contrôle ne peut se rencontrer dans le député choisi par le pouvoir. Si sincères que puissent être ses déclarations, suffisent-elles à lui créer un parti assez considérable pour lui donner les 12 à 15,000 voix qui lui sont nécessaires? Il est permis d'en douter. Les faiblesses de l'humanité sont grandes, et il est à craindre que les promesses et les séductions que les candidats officiels tirent d'un budget de 2,200,000,000 fr. ne prévaillent dans la masse des électeurs sur les satisfactions désintéressées qui ne dérivent que de l'ordre moral.

Les derniers débats du Corps législatif démontrent la vérité de ces affirmations. Tandis que l'auteur des interpellations relatives à la vénalité électorale, M. J. David, n'a produit aucun fait sérieux et a renoncé si facilement aux conclusions de son réquisitoire, MM. Picard et E. Ollivier n'ont que trop bien prouvé, que depuis dix-huit ans l'intervention des agents du pouvoir dans les élections a été souvent abusive et toujours impunie.

Et s'il ne s'est trouvé que quarante-sept voix pour blâmer l'excès des candidatures officielles, c'est que la majorité, sortie de cette origine, a voulu, à la veille des élections, donner un nouveau gage de sa reconnaissance et de sa docilité.

Après comme avant les conseils de révision, l'administration, ingénieuse à varier ses moyens d'action, mêle parfois la menace aux promesses.

On avertit, de façon qu'ils ne puissent s'y méprendre, ceux qui de près ou de loin, par eux-mêmes ou par leur commune, tiennent non-seulement au budget de l'État, mais au budget de la famille, et l'on obtient des engagements anticipés. — On interroge les confidents habituels, les maires et les commissaires de police, et l'on dresse avec eux la double liste des bons et des suspects. On met à profit jusqu'aux servitudes que nous imposent chaque jour les routines de notre centralisation administrative : les visas, les signatures, les légalisations, et l'on fait entendre que le cachet officiel portant l'aigle déployée est une faveur qui vaut à son tour un service. On tire parti de tout, même des monopoles qui viennent aggraver le poids de la centralisation ; c'est ainsi que, dans les quinze départements où par privilége on cultive le tabac, cette plante devient une plante électorale et politique. — Pour s'assurer à l'avance des adhésions, on met en œuvre les procédés les plus ingénieux. Je n'en veux citer qu'un trait. Un digne curé, qui pendant vingt ans avait été la providence d'une petite commune, venait de mourir. Ses ouailles désolées décidèrent qu'il serait enterré au milieu d'elles, près de l'église, dans l'ancien cimetière, fermé, il est vrai, depuis quelque temps. Cette pieuse infraction ayant été dénoncée au sous-préfet, il accourt pour faire respecter la loi et ordonner l'exhumation. L'émotion est grande, le fonctionnaire hésite ; bientôt, se ravisant, il appelle les conseillers municipaux et leur dit :

« Je consens à fermer les yeux, mais à la condition que chacun de vous s'engagera aux prochaines élections à voter pour le candidat officiel; » et les serments sont recueillis.

C'est ainsi qu'un administrateur habile trouve moyen de rendre utiles jusqu'aux regrets que peut laisser un mort.

Mais quand la cloche du combat a sonné, l'allure devient toute guerrière. On passe en revue l'armée des fonctionnaires, depuis l'inspecteur d'académie jusqu'au cantonnier, et on leur adresse ces proclamations énergiques, où les dissidents, déclarés ennemis de l'empereur et de l'empire, sont mis en quelque sorte hors la loi. Les caractères les plus pacifiques se transforment, et l'on voit d'honnêtes et doux préfets, saisis tout à coup d'une fièvre enthousiaste, répandre autour d'eux l'ardeur qui les enflamme. Les uns, dans leur transport dynastique, élèvent leur maître jusqu'à la divinité et écrivent cette exergue : *Dieu fit Napoléon et se reposa*, d'autres terminent une harangue aux maires inclinés et soumis par cette péroraison d'une concision militaire : *Un tel ou la mort.*

Mais je n'ai pas à retracer les inégalités d'une lutte dont les vérifications de pouvoirs nous ont laissé le tableau ; je me borne à dire que les élections sont des verres grossissants qui montrent une fois de plus les abus de la centralisation et du fonctionnarisme. Parmi ces abus je ne veux signaler qu'un des plus regrettables, à savoir, l'impuissance où l'on est d'obtenir le redressement d'un grief alors même (on m'accordera l'hypothèse) que ce grief serait des plus graves et des plus fondés : des faits incontestables justifieront mon assertion.

On avait imposé à une commune un maire et un adjoint pris en dehors du conseil municipal et qui semblaient assez loin de la perfection. Grande fut l'émotion de la commune. Le conseil municipal la partagea, et, s'adressant respectueusement au préfet, écrivit la lettre que voici :

« Monsieur le préfet, nous regrettons vivement qu'on ait appelé votre choix sur des individus qui ne sont pas en possession de la considération et de la confiance dont devraient jouir des hommes chargés d'administrer une commune et de représenter le gouvernement.

« La confiance et la considération publique leur font défaut pour plusieurs raisons ; nous n'en indiquerons qu'une seule pour chacun d'eux : ainsi il n'est pas un enfant dans ce village qui ne sache que le maire a déjà eu les honneurs de la prison et que l'adjoint ne sait ni lire ni écrire. »

Cette protestation resta sans réponse ; les faits dénoncés étaient vrais cependant, mais le préfet soutenait le maire qu'il avait nommé par ce même lien de solidarité qui lui garantissait à lui-même l'appui du ministre de l'intérieur. Cependant un des conseillers municipaux, voyant que l'administration restait silencieuse, fit insérer la lettre dans les journaux ; aussitôt survinrent des communiqués, des avertissements suivis de poursuites et de condamnations, qui atteignirent à la fois les journaux et le conseiller municipal. Ainsi le recours gracieux est non-seulement stérile, il expose à des dangers.

Que si, préférant la voie judiciaire, vous dénoncez les faits dans une protestation et que vous parveniez à réunir le témoignage de citoyens courageux, vous n'êtes pas assuré d'obtenir la légalisation de leurs signatures, et jusqu'aux huissiers vous refuseront leur ministère; j'en veux donner la preuve.

Un juge de paix, transformé en juge de guerre, avait, ou par excès de zèle, ou par obéissance pour les instructions reçues, adressé aux vingt et une communes de son ressort une circulaire où il disait : « Repoussez loin de vous les paroles mensongères qui veulent abuser de vos bonnes intentions pour vous entraîner dans une politique contraire à vos véritables intérêts. Une victoire éclatante attend le candidat officiel, et d'amers regrets seront le partage des communes qui persisteront dans une hostilité sans expérience. »

Cette circulaire inconcevable, dans laquelle un magistrat s'adressant à ses justiciables disait à ceux-ci : « Vous êtes des menteurs ; » à ceux-là : « Ceux qui ne voteront pas bien auront à s'en repentir, » fut inutilement dénoncée à l'administration. Loin d'en désavouer l'auteur, elle le nomma peu de temps après président du conseil d'arrondissement. Les plaignants voulurent alors s'adresser au procureur général, et demandèrent pour rédiger leur plainte le concours des huissiers.

Ceux-ci refusèrent en produisant la circulaire du 28 janvier 1864 que voici : « Le procureur général ne saurait admettre que les huissiers accrédités par le gouvernement, tenant de lui l'investiture et par suite la notoriété et les facilités de communications avec la police, abusent de cette confiance du gouvernement qui les nomme, pour combattre directement ou subrepticement le candidat qu'il a choisi.

« Le syndic les prévient au nom de M. le procureur général qu'en cas où une plainte fondée lui serait adressée en ce sens, il n'hésiterait pas à demander la destitution de l'officier ministériel infidèle à son devoir. »

Ces exemples, empruntés à des pièces officielles et qu'on pourrait multiplier, montrent de combien d'entraves sont entourés les recours administratifs ou judiciaires ; ils font voir que dans le fond des départements on peut trouver la même inertie, le même refus de justice que les éditeurs de l'histoire des Condé ont rencontrés à Paris, lorsque, partout rebutés, ils s'adressaient inutilement à toutes les natures de juridiction[1]. Oui, il y a en France des lois parfaites, des juges intègres, et les orateurs du gouvernement rappellent chaque jour avec complaisance que, grâce aux grands principes de 89, le moindre citoyen est garanti dans sa personne et sa propriété ; mais

[1] Récemment, M. de Forcade aurait levé l'interdit. Ce retour au droit est la condamnation de ses prédécesseurs dans le pouvoir depuis six ans. C'est un blâme éclatant qui atteint à la fois ceux qui ont exécuté la saisie et ceux qui ont essayé de la justifier.

ils oublient de dire que c'est à la condition que l'administration soit absolument désintéressée; autrement elle soulève la question de compétence, et l'acte le plus excessif, telle que la saisie administrative qui n'est autre chose que la confiscation effacée de nos codes par le progrès des mœurs, est accepté et respecté comme l'arrêt même de la justice.

En présence de tels faits, ne semble-t-il pas que l'administration soit campée en France comme sur un sol ennemi, ayant la centralisation comme forteresse et les fonctionnaires pour soldats. On comprend les moyens de centralisation excessive dont a usé la Convention, lorsque, luttant contre l'Europe entière, elle jetait à la fois au delà des frontières quatorze armées. Mais persévérer après tant d'années dans cette domination absorbante, cela n'est digne ni du pays ni du gouvernement.

Nous ne pouvons être condamnés à envier la situation du plus humble des États allemands[1], et, quand nous avons le suffrage universel, attendre encore qu'on nous affranchisse.

Qu'on nous rende tout au moins ces institutions municipales que nous avons sagement pratiquées dans les intermittences de liberté.

Qu'on cesse enfin d'altérer le caractère du maire qui n'a plus aujourd'hui aucun lien avec la commune, et qui, nommé, révoqué par l'administration, est devenu un véritable fonctionnaire. Rappelons-nous cette vérité écrite dans le rapport de la loi municipale de 1855 : « Le pouvoir municipal entre pour une part considérable dans l'ordre de la société. Toujours en contact avec la population, c'est par lui le plus souvent qu'on juge les autres pouvoirs et qu'on aime le gouvernement ou qu'on s'en détache, selon que l'administration est sage et paternelle ou qu'elle se montre blessante. » Conseil vraiment inspiré par la raison et cependant si rarement suivi.

Il faut que l'action des conseils municipaux soit plus active, qu'elle se puisse exercer suivant la nécessité ou l'occasion et non par les convocations officielles ;

Qu'enfin les agents de la commune ne relèvent que de son choix. Ce retour au passé rendra peut-être aux communes la vie qui s'en éloigne; il pourra contribuer à retenir sous le toit paternel ceux que les villes attirent non pas seulement par les salaires plus élevés, mais parce qu'elles les soustraient à la domination et au contact tracassier de toutes les petites autorités du village.

Ce qui n'importe pas moins, c'est d'étendre les pouvoirs des conseils généraux. Ils ont prouvé depuis trente-cinq ans par le bien qu'ils

[1] L'administration municipale a été libéralisée en 1808 en Prusse, en 1818 en Bavière, en 1822 en Bade et Wurtemberg, en 1832 en Saxe.

ont fait qu'ils en feraient plus encore s'ils devenaient plus puissants. Qu'à l'imitation de ce qui se pratique en Belgique, ils nomment des délégués qui assistent le préfet dans l'intervalle des sessions et assurent l'exécution de ce qui a été résolu, notamment en matière de travaux publics et d'enseignement ; qu'ils aient le droit de présenter des candidats pour la plupart des fonctions départementales.

Le lien entre les conseils généraux et les conseils municipaux serait le canton organisé dans les sages conditions du projet de loi de 1851.

En résumé : hâter l'émancipation des corps électifs qui tirent après tout leur origine de la volonté nationale, réduire en nombre et en importance l'armée des fonctionnaires [1], est un vœu qui réunit chaque jour plus d'adhésions ; et à ceux qui dans leur effroi disent que, si on enlève la moindre partie de la panoplie administrative, le spectre rouge apparaîtra bientôt, on peut répondre : S'il peut hériter de l'arme qui fait votre orgueil, il n'aura jamais été plus redoutable.

En dehors de toutes les divisions des partis et laissant de côté les souvenirs et les regrets, que tous les bons citoyens s'unissent pour obtenir cette réforme, plus nécessaire qu'on ne pense à l'avenir de notre pays.

Diminuons le plus possible les fonctions administratives, à l'exemple de ce qui se pratique en Allemagne et en Angleterre ; élevons leur valeur morale par la gratuité et par l'élection ; n'imposons pas à 89 départements autant de petits gouvernements personnels qui ne sont soutenus ni par la grandeur de l'origine, ni par la sauvegarde de l'avenir, et qui ne partagent pas même la responsabilité du souverain ; n'exposons pas ces mêmes préfets au vertige inévitable des dominations trop élevées.

L'ivresse qui naît d'un pouvoir trop étendu n'est pas contestable. Elle inspire pour le conserver une ardeur qui fait taire bien des scrupules. Elle affaiblit la dignité du caractère, et pour n'en donner qu'une preuve, on ne peut citer, depuis 1830, dernière date des généreux sacrifices, un seul exemple de préfet volontairement démissionnaire. Nous avons cependant traversé bien des événemets qui devaient troubler les consciences ; les hésitations entre le désaveu du passé et la conservation de la place ont toutes été résolues dans le même sens. Quelques fonctionnaires, pour rester fidèles à leurs convictions, ont sacrifié leur fortune politique : nobles et rares

[1] Il résulte d'un travail récent du laborieux marquis d'Andelarre que les services civils coûtent au budget de 1869 soixante millions de plus qu'en 1852.

exceptions! En 1848, un seul membre du conseil d'État du gouvernement de Juillet, M. Fumeron d'Ardeuil, a donné sa démission. Au 2 décembre quelques savants, parmi lesquels l'honorable M. Barthélémy Saint-Hilaire, ont résigné des fonctions qu'ils ne devaient qu'à leur mérite. Les décrets du 22 janvier 1852 ont décidé la retraite de cinq membres de la commission consultative ; mais la grande cohorte des mandarins est restée immuable, adoptant cette commode justification, qu'au-dessus du gouvernement provisoire, du général Cavaignac et même du gouvernement actuel, était le pays qu'on ne pouvait pas déserter. Cette opiniâtreté du fonctionnaire à se perpétuer n'est-elle pas de nature à démoraliser les âmes, et quelle foi peut-on conserver en ceux qui, comme les préfets, pratiquant la politique personnelle et militante, s'efforcent d'effacer le souvenir du zèle qu'ils montraient pour un gouvernement tombé, par une plus grande intolérance sous le gouvernement qui lui succède? Il est temps de réformer de tels abus, et de leur opposer le seul remède efficace : une véritable décentralisation.

Que de nouvelles lois viennent bientôt régler ce déplacement d'influences.

Un publiciste éminent, vice-président du conseil d'État, M. de Parieu, n'a-t-il pas dit récemment[1] :

« Il me semble que les émancipations locales sont le contrepoids légitime de l'influence inséparable du mécanisme général des États vastes et populeux ! » Et il a ajouté : « Il nous paraît bon que l'on répudie cette tutelle exagérée, qui sous prétexte de minorité restreint l'esprit d'entreprise et la responsabilité de l'intérêt provincial ou communal. »

Sans attendre que la loi soit changée, il faudrait relever dans leur propre estime d'honnêtes citoyens aimés, estimés dans le pays qui connut leurs ancêtres, où vivront leurs enfants et qui semblent humiliés de n'être que de bons propriétaires. Qu'ils se comparent, eux qui contribuent à la richesse publique par le travail, et à la fortune de l'État par l'impôt, avec le fonctionnaire devant lequel ils s'inclinent, fût-ce le sous-préfet lui-même. Qu'ils réfléchissent qu'on n'a demandé à ce premier *magistrat de l'arrondissement* aucune garantie d'aptitude et de capacité ; que si son élévation a été subite, la disgrâce peut aussi l'atteindre tout à coup ; qu'ils calculent que le séjour moyen qu'il doit faire dans sa petite royauté n'est que de trois ans ; qu'il aura un successeur fait à son image, impatient comme lui de franchir les échelons inférieurs de la hiérarchie administrative, et

[1] Rapport à l'Académie des sciences morales et politiques. — Décembre 1868.

peut-être ce culte mêlé de crainte pour la mobile incarnation de ces petits Wishnou perdra-t-il un peu de son idolâtrie.

Cette ébauche était à peine terminée que je la portai chez mon ami, qui voulut bien en approuver quelques parties. Cependant j'étais découragé par l'inutilité de mon travail, et je lui disais : Avec le suffrage restreint, avec des électeurs éclairés on pourrait espérer des réformes, mais neuf millions de votants, dont un cinquième ne sait ni lire ni écrire, forment une masse inerte que rien ne saurait ébranler.

Mon ami me répondit par cet apologue :

« Dans les mers glacées des pôles on voit des masses sombres qui semblent comme des îles au milieu des banquises ; quand l'hiver s'éloigne, ces masses qu'on croyait frappées d'une éternelle immobilité, se retournent tout à coup avec un grand fracas. Ce sont d'immenses baleines qui s'agitent. Sous l'effort réuni de leurs puissants fanons, elles brisent les barrières qui les faisaient captives, et s'élancent vers les mers à qui le soleil a rendu la liberté. »

PARIS. — IMP. SIMON RAÇON ET COMP., RUE D'ERFURTH, 1.

www.ingramcontent.com/pod-product-compliance
Lightning Source LLC
LaVergne TN
LVHW010253230826
846091LV00007B/2954
9782011779502